Vincent Andreas

Diebe in der Schatzkammer

Mit Hufeisen-Quiz

Bibi & Tina
Lesen lernen
1. Klasse
ab 6 Jahren

Klett Lerntraining

Bibliografische Information der Deutschen Nationalbibliothek
Die Deutsche Nationalbibliothek verzeichnet diese Publikation
in der Deutschen Nationalbibliografie; detaillierte bibliografische
Daten sind im Internet über http://dnb.dnb.de abrufbar.

Dieses Werk folgt der neuen Rechtschreibung und Zeichensetzung.
„Hexspruch“ und „Hexsternchen“ sind Begriffe aus der Welt von Bibi Blocksberg.

1. Auflage 2023

Redaktion: Jutta Dahn
Lizenz durch KIDDINX Media GmbH
Lahnstraße 21, 12055 Berlin

www.klett-lerntraining.de; kundenservice@klett-lerntraining.de

Autor: Vincent Andreas, Berlin
Illustrationen: Désirée Kunstmann, Nürnberg
Satz: tebitron gmbh, Gerlingen
Druck: Aumüller Druck GmbH & Co. KG, Regensburg
Bindung: Conzella Verlagsbuchbinderei Urban Meister GmbH & Co KG, Pfarrkirchen
Printed in Germany
ISBN 978-3-12-949725-8

Inhalt

Der nächtliche Einbrecher

Bibi und Tina reiten jubelnd
auf ihren Pferden um die Wette.
Alex kommt ihnen entgegen.
„Ich muss euch etwas erzählen!“,
ruft er den Freundinnen zu.

Heute Nacht ist Alex aufgewacht.
Die Pferde im Stall des Schlosses
waren unruhig und haben gewiehert.
Im Stall hat Alex nichts entdeckt.

Doch dann hat er ein Licht
in der Schatzkammer bemerkt.
Es kam von einer Taschenlampe!
Alex ist zurück ins Schloss geeilt.
Dort traf er Dagobert,
der nach dem Rechten sehen wollte.

In der Schatzkammer war niemand.
War der Einbrecher entkommen?
Hat er etwas stehlen können?
Alex hat seinen Vater geweckt,
aber Falko ist nichts aufgefallen.
Alle Schätze waren noch da.

Der Graf war verärgert und meinte:
„Das hast du dir nur eingebildet."
Doch Alex ist sich ganz sicher:
Es war wirklich ein Einbrecher!

Vielleicht hat er nicht gefunden,
was er stehlen wollte?
„Wenn er heute Nacht wiederkommt,
schnappen wir ihn uns!“, ruft Bibi.
„Wir legen uns auf die Lauer!“

In der Schatzkammer

Abends schließen sich die Freunde heimlich in der Schatzkammer ein. Der Mond scheint durchs Fenster. Zunächst geschieht nichts. Bibi und Tina schleichen herum und sehen sich die Schätze an.

Da sind kostbare Hufeisen,
alte Gemälde, Pokale und Teppiche.
Sie entdecken auch etwas Neues:
ein wunderschönes Pferd aus Gold.
Bibi und Tina sind ganz verzückt.

„Das hat neulich ein Gast meinem Vater geschenkt“, erklärt Alex den Mädchen. Plötzlich zucken sie zusammen! „Huuu!“, macht jemand im Hof. Es ist nur eine Eule, die da ruft.

Doch da öffnet sich die Tür!
Eine Taschenlampe leuchtet auf.
Erstaunt erkennen die drei Freunde,
wer der Einbrecher ist: Dagobert!

Drei Pferde lösen sich in Luft auf

Dagobert fällt vor Schreck fast
die Taschenlampe aus der Hand.
Er verteidigt sich vor den Kindern:
„Ich bin kein Einbrecher!
Ein Dieb bin ich schon gar nicht!“

Er wollte nicht etwas stehlen,
sondern etwas wiederfinden:
die anderen goldenen Pferde.
Im Geschenk des Gastes waren
drei weitere kleinere Pferde.

Gestern hat Dagobert alle poliert.
Doch nach dem Mittagessen waren die drei kleinen Pferde weg!
„Sie wurden gestohlen!“,
ist Tina sich ganz sicher.
Dagobert schüttelt den Kopf.

Er war beim Mittagessen
mit dem Herrn Graf im Speisesaal.
Bekanntlich führt der einzige Weg
zur Schatzkammer durch den Saal.
Den Einbrecher hätten sie gesehen!

„Dann haben sich die drei Pferde in Luft aufgelöst“, scherzt Bibi. Das ist natürlich Unsinn.
Dagobert nimmt an:
„Sicher war ich etwas zerstreut und habe die Figuren weggestellt.“

Letzte Nacht wollte er sie suchen.
Alex hätte ihn fast dabei ertappt.
Zum Glück hat der Graf
die kleinen Pferde nicht vermisst!
Tina und Alex wollen Dagobert
bei seiner Suche helfen.

Bibi hat eine bessere Idee.
Sie streckt die Arme aus und hext:
„Eene meene ganz geschwind,
zeig uns, wo die Pferde sind!
Hex-hex!“
Von Bibis Fingern sausen
Hexsternchen zur Pferdefigur.

„Wieso machen die Sternchen das?“, fragt sich Bibi verwundert.
Da steht doch nur die große Figur!
Hat der Spruch nicht funktioniert?

Das Geheimnis

Die Freunde suchen nun doch.
Sie stellen alles auf den Kopf.
Alex steigt sogar auf eine Leiter
und schaut in die Kronleuchter.
Aber auweia – die Leiter wankt!

Alex kann sich noch festhalten.
Die Leiter kippt aber um.
Sie fällt auf die Hufeisen-Vitrine.
Es kracht und scheppert.
Bibi kann mit Hexerei schnell
wieder alles in Ordnung bringen.

Plötzlich steht der Graf in der Tür!
Er wurde vom Lärm geweckt.
Wütend verlangt er eine Erklärung.
Die Freunde erzählen ihm alles.
Zu ihrer Verwunderung lacht Falko.

„Ich selbst bin der Dieb!“,
ruft er verschmitzt in die Runde.
Dagobert hat nach dem Essen
das Geschirr abgeräumt.
Falko ging solange
in die Schatzkammer.

Dort hat er die drei kleinen Pferde verschwinden lassen.
Es gibt nämlich ein Geheimnis:
Die Figuren lassen sich öffnen und ineinander stellen.
Der Reihe nach stellt der Graf sie wieder auf den Tisch.

Alle lachen und Bibi ist froh.
Ihr Hexspruch hat funktioniert!
Die drei Figuren waren genau dort,
wo die große Figur gewesen ist.

Hufeisen-Quiz

1 **Die Pferde haben nachts im Stall ...**

Ö ◯ gewienert.
V ◯ gefeiert.
E ◯ gewiehert.

2 **Alex bemerkt in der Schatzkammer das Licht ...**

I ◯ einer Taschenlampe.
A ◯ der Deckenlampe.
R ◯ einer Kerze.

3 **Weshalb könnte der Einbrecher zurückkommen?**

G ◯ Er hat dort etwas verloren.
N ◯ Er hat nicht gefunden, was er stehlen wollte.
H ◯ Ihm gefällt nicht, was er gestohlen hat.

4 **In der Schatzkammer sind kostbare ...**

B ◯ Hufeisen.
E ◯ Satteldecken.
C ◯ Steigbügel.

5 **Wer ist der Mann mit der Taschenlampe?**

L ◯ Falko
N ◯ Bernhard Blocksberg
R ◯ Dagobert

6 Weshalb kann kein Einbrecher in der Schatzkammer gewesen sein?

Ü ◯ Es hätte Alarm gegeben.

E ◯ Er hätte an Falko und Dagobert vorbeigehen müssen.

J ◯ Die Tür war abgeschlossen.

7 Bibi will nicht suchen, weil ...

Q ◯ sie Dagobert nicht mag.

C ◯ hexen schneller geht.

Ä ◯ sie zu müde ist.

8 Bibi befürchtet, ihr Hexspruch hat nicht ...

B ◯ fungiert.

F ◯ fusioniert.

H ◯ funktioniert.

9 **Warum lacht Falko?**

E ◯ Er denkt, alles war ein Missverständnis.

Z ◯ Er ist froh, die Pferde los zu sein.

T ◯ Die Pferde gehen mit ihm durch.

10 **Wo waren die drei Pferde?**

G ◯ hinter dem großen Pferd

R ◯ in dem großen Pferd

H ◯ unter dem großen Pferd

Lösungswort

Hast du alle Quiz-Fragen beantwortet? Dann trage hier die Buchstaben der richtigen Antworten ein.

1 2 3 4 5 6 7 8 9 10

Tipp: Das Lösungswort hat etwas mit der Geschichte zu tun!

Bibi&Tina®

Mein Wunschzettel

Noch mehr Lesestoff mit den beiden Freundinnen!

ISBN 978-3-12-949662-6

Habe ich schon.
Wünsche ich mir.

ISBN 978-3-12-949675-6

Habe ich schon.
Wünsche ich mir.

ISBN 978-3-12-949640-4

Habe ich schon.
Wünsche ich mir.

ISBN 978-3-12-949529-2

Habe ich schon.
Wünsche ich mir.

ISBN 978-3-12-949614-5

Habe ich schon.
Wünsche ich mir.

ISBN 978-3-12-949630-5

Habe ich schon.
Wünsche ich mir.

ISBN 978-3-12-949676-3

Habe ich schon.
Wünsche ich mir.

ISBN 978-3-12-949641-1

Habe ich schon.
Wünsche ich mir.

ISBN 978-3-12-949531-5

Habe ich schon.
Wünsche ich mir.

ISBN 978-3-12-949334-2

Habe ich schon.
Wünsche ich mir.

ISBN 978-3-12-949616-9

Habe ich schon.
Wünsche ich mir.

ISBN 978-3-12-949631-2

Habe ich schon.
Wünsche ich mir.

ISBN 978-3-12-949713-5

Habe ich schon.
Wünsche ich mir.

ISBN 978-3-12-949714-2

Habe ich schon.
Wünsche ich mir.

Lese-Pass

Hier kannst du dir deinen eigenen Lese-Pass basteln.

- Schneide die gegenüberliegende Seite an der gestrichelten Linie heraus.
- Falte die Seite in der Mitte.
- Schreibe deinen Namen in das Feld.

So füllst du deinen Lese-Pass aus:
Trage ein, wenn du 10 Minuten gelesen hast.
Lass dir das von einer erwachsenen Person bescheinigen!

Viel Erfolg beim Lesen wünschen dir

Bibi + Tina

Bibi&Tina®

Lese-Pass

Name:

Klett

Ich habe 10 Minuten gelesen am ...	Unterschrift einer erwachsenen Person	Ich habe 10 Minuten gelesen am ...	Unterschrift einer erwachsenen Person